단상

DanSang

하늘의 저 태양 아래서는 일체가 다 선이라.

Under the sun above, all are goodness.

1

가뭄에 시내와 강이 말라도
작은 샘물이 그 줄기를 유지시키는 것은
언제나 고르게 솟기 때문이다.

1

Even if the streams and rivers dry out in a drought,
small spring water keeps the stem because it always rises evenly.

2

꽃에게서 배워야 할 것은
그 아름다움뿐만이 아니다.
무엇보다도 스스로가 돌아갈 때를
안다는 것이다.

2

The beauty is not the only thing
to learn from flowers.
Above all, they know when to go back on their own.

3

천상에 대한 믿음은 생에 희망과 기쁨을 주지만
그 믿음을 넘은 집착은 삶을 더 구기게 한다.

3

Belief in heaven gives hope and joy to life,
but obsession beyond that belief
it makes your life crumpled more.

4

글을 미끼로 삼아 세상에서 낚시질을 한다면
그는 어진 이는 아닌 것이다.

4

If he fishing in the world using the writing as bait,
he is not an virtuous man.

5

중심이란 대개가 빼앗기는 것이지
잃는 게 아니다.

5

Center is usually taken away,
not lost.

6

책과 지식에 갇힌 자들이 자유로울 수 있는
유일한 방법은 죽음뿐이다.

6

Death is the only way for those trapped in books and knowledge to be free.

7

드러내고 싶다면 자신을 슬쩍 감춰라.
그럼 더 많이 드러낼 수 있다.

7

If you want to reveal yourself, hide yourself secretly,
and you can reveal more.

8

교육이란 서로의 가치를 인정하는
토대 위에서 이루어져야지
일방적인 가르침만으로는 부족하다.

8

Education shall be on the basis of recognizing each other's values, just one-sided teaching is not enough.

9

예술인들의 떠남은 신선한 물과 바람이
세상에서 사라지는 것과 같다.

9

Artists' leaving is like fresh water and wind disappearing from the world.

10

진실로 사람이 입을 열 때마다
품위를 지킬 수 있다면
우리네 삶 속 문제의 반은 해결이 된다.

10

If a person can keep his dignity
whenever he opens his mouth,
half of the problems in our lives are solved.

11

아름다움은 바탕에 있지만, 멋은 언제나 여백에서 나온다.

11

Beauty is in the foundation but style always comes from the margins.

12

인간의 역사란 틀을 짜는 자들과
그 틀을 깨는 것들이
만든 관대한 거울이다.

12

Human history is a generous mirror created by those
who make the frame and break the frame.

13

세상에선 조금 부족해야 자리를 잡지
넘치면 겉돌게 된다.

13

In the world, need a little shortage
for set your place,
if you have a enough you will be wander
about.

14

그림자가 언제나 책임을 면할 수 있는 건
거리를 둘 줄 알며
늘 무정하기 때문이다.

14

Shadows can always escape responsibility
because they know
how to distance themselves
and are heartless.

15

세상에 불을 지르려면 저녁 하늘이 하듯이
저렇게 고요롭고 곱게 하라.

15

If you set fire to the world, make it as still and fine as the evening sky does.

16

사람이 선을 지킨다는 것은
도리를 아는 것만큼이나
아름다운 것이다.

16

A man who keep the line is as beautiful as that know the right.

17

바람이 자유로운 건
정해진 길이 없기에 그렇다지만
현명한 자는 그 길 안에서
더 많은 자유를 누린다.

17

It is free because there is no fixed
path for the wind
but the wise enjoy more freedom
within that path.

18

중력이 있는 곳에서는
떨어지든 다 털리든
아이들처럼 마음에 둘 일은
아닌 것이다.

18

Where there is gravity,
whether it falls or is robbed,
it's not thing
to keep in mind like children.

19

진실로 아름다운 결혼은
눈이 멀어서 하는 것이고,
더 아름다운 것은
속은 줄 알면서도 하는
젊음과의 맺음이다.

19

A truly beautiful marriage is done
because you're blind,
and what's more beautiful is
that build relationship with youth
even though you know you are deceived.

20

상술이 없다면 그게 인간이든 물건이든
사람의 마음을 편하게 한다.

20

If Without tactics,
whether it is a human or an object,
it relaxes a person's mind.

21

사랑과 우정은 다소 일방적일 때
아름답고 또한 오래 간다.

21

Love and friendship are beautiful
and long last
when somewhat one-sided.

22

사람의 길을 가는 것들은 무엇이든
다 소리를 낸다.

22

Anything that goes human path
makes a sound.

23

그것이 죄라면 평생을 한반도에 살면서
파리를 가슴에 품었다는 것이다.

23

If it is sin
that I lived on the peninsula all my life
and held Paris in my heart.

24

자식의 무덤 앞에서는 부모는
스스로 꽃이 된다.

24

In front of their children's graves, parents themselves become flowers.

25

마음의 균형은 절제에서 생기고, 그리고
그것은 나를 알기 위한 토대이다.

25

Balance of mind comes from restraint, and that's the foundation for knowing me.

26

꾸미는 자가 진솔한 자를 이긴다는 건
그리 쉬운 일이 아니다.
누구든지 늘 꾸밀 수는 없기 때문이다.

26

It is not so easy for the conspirator
to beat the truthful.
Because no one can always make up it.

27

사형을 합리화시킬 수 있는 언어는
세상엔 존재하지 않는다.

27

There is no language in the world that can rationalize the death penalty.

28

종잇장처럼 몸을 구기며 살아야 한다면
관절을 가진 인간에겐 큰 모욕이다.

28

It is a great insult for humans with joints if they have to live crumpled up like paper.

29

이성의 순수한 눈으로만 보면
하나같이 다 신비롭다.

29

Every one and each is mysterious
when just see with pure eyes of the reason.

30

우주에 존재하는 모든 물질과 현상은
결국엔 설명이 가능할 것이다.
이 법칙에선 신이라도 예외일 수 없다.

30

All matter and phenomena in the universe will eventually be able to be explained. In this law, even God cannot be an exception.

31

인생의 최고 즐거움은 자유로움인데 다만
그것을 위한 대가는 절제이다.

31

The greatest joy of life is freedom, but the price for it is moderation.

32

틀을 만드는 데는 많은 시간과
노력이 필요하지만
그 틀을 깨는 데는 더 많은 날과
고통이 따른다.

32

It takes a lot of time and effort
to make the frame,
breaking that framework comes
with more days and pain.

33

바람이 일어야지 꽃도 그 뜻을
온전히 이룰 수가 있다.

33

Flowers need to be windy to achieve their full meaning too.

34

함께 살 수 있는 세상을 위해, 지도자는
언제나 달라야 한다.

34

For a world where we can live together,
leaders must always be different.

35

산수를 무진장 즐기며
혼을 만지는 시인에게
승화란 모순까지도 수용할 수 있는
자유로운 경지를 말한다.

35

Sublimation, for poet who touch soul
while enjoying the landscape
inexhaustibility it refers to the state of
freedom
that can accommodate even contradictions.

36

역사의 한은 결코 잊어서는 안 되는 철학이지
갚아야 할 숙제는 아닌 것이다.

36

The resentment of history is a philosophy
that should never be forgotten.
It is not a homework to be paid back.

37

가난한 시인에게 겨울은 성대한 눈물로 치러야 할
그 의식과 같은 것.

37

For a poor poet, winter is like the ritual to be held with great tears.

38

가족이란 행복입니다.

38

Family is happiness.

39

벌과 나비가 와 꽃술에 닿아야 열매가 생기듯이
세상에선 좋은 매개가 있어야지 뜻을 이룬다.

39

Just as bees and butterflies come into contact with a pistil to produce fruit, in the world, needed good mediation to achieve the will.

40

자식은 일생을 두고 부모의 모습을
철저히 모방한다.

40

Children thoroughly imitate their parents' throughout their lives.

41

바람처럼 진정한 변화의 주역들은
형체를 드러내지 않는다.

41

Like the wind, the real actors of change do not reveal their shape.

42

자식이란 그 끈을 놓으면 잘못된 길로 가
길을 잃고 만다.

42

*Offspring is, If you let go of the string,
they will go the wrong way and get lost.*

43

봄날은 마음에 둘 일이지
시절에 둘 것이 아니다.

43

*Spring days are something to be kept in mind,
not in the season.*

44

신은 큰 사람의 무덤은 만들게 하지 않는다.

44

God does not let the great man's grave be made.

45

신의 큰 실수는 욕망이란 불덩이와 찬 이성의 성급한 결합에 있다.

45

The big mistake of God lies in the hasty combination of the fire of desire and cold reason.

46

중심을 버린 자만이 진실로 하늘에
오를 수가 있다.

46

Only those who have throw away their center can truly climb to the sky.

47

인간은 벼랑 끝에 가 있을 때만 신이 원하는
진정한 인간이 된다.

47

Man becomes the true man God wants only when he is at the edge of a precipice.

48

꿀에 향기는 묻어와도
향기엔 꿀이 묻어오질 않는다.

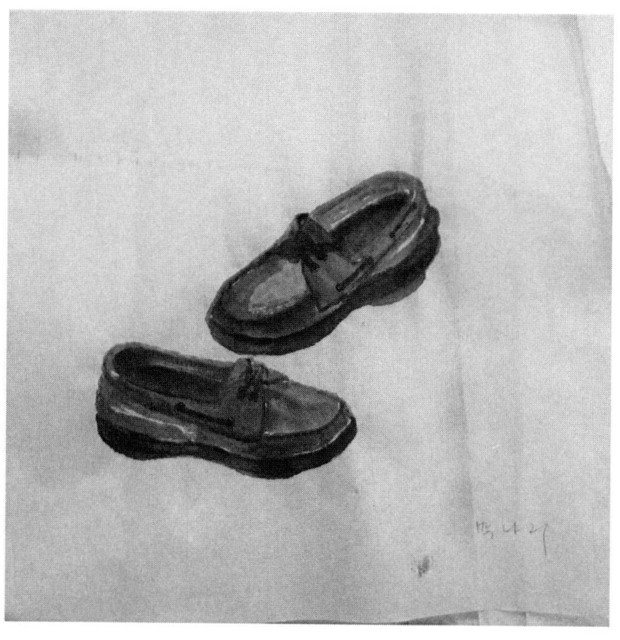

48

Though honey has a scent,
the scent doesn't come with honey.

49

인간의 역사는 논리를 얻기 위한
모순과의 투쟁사이다.

49

Human history is a struggle story against contradiction to get logic.

50

보여주는 것과 보이는 것 사이엔
모순이란 공간이 있다.

50

There is a space called contradiction between what they show and what you see.

51

자연에서 그리하듯이 변화의 주역은
부드러운 것들이 맡아야 한다.

51

As nature does, soft ones should play the main role of change.

52

뿌리를 제거할 때는 반드시 백 가지
경우의 수를 세세히 살펴야 한다.

52

When take out the root you must look
into a way of
hundred case one by one.

53

장미가 가시를 지닌 까닭은 사람의 피가
더 붉기 때문이다.

53

The reason rose has its thorn
because man's blood
is more red than her

54

상처를 바라보는 의사의 눈빛이 다른 까닭은
오직 치료만을 생각하기 때문이다.

54

The reason why the doctor's gaze
at the wound is different is
because they only think about treatment.

55

흔들림을 다 중심의 문제로 본다면
그것은 잘못이다.
중심을 잘 잡으려면
조금은 흔들려야 하기 때문이다.

55

If you look at shaking as a central problem,
it's wrong
because you have to shake a little
to balance well.

56

물음표보다는
느낌표를 많이 써라
그럼 우린 더 행복할 수 있다.

56

Keep a lot of exclamation mark
than a question mark
our happiness is going to get bigger.

57

열정이 다투는 것은 게으름이지
환경이 아니다.

57

It is laziness, not the environment,
that passion disputes.

58

섞인다는 것은 본성을 버리는 일이라서
반드시 시간이 필요하다.

58

Mixing is abandoning nature,
so time is essential.

59

빛이 바래면 추할 수도 있지만
삶이란 색을 입히는 일이다.

59

If the light fades, it may look ugly,
but life is coloring.

60

집이란 돌아갈 수 있는 곳을 말한다.
비록 물 위에 떠 있는 집이라 하더라도
언제나 내가 돌아갈 수 있기 때문이다.

60

Home refers to a place where you can go back.
Even if it's a house floating on the water,
because you can always go back.

61

두 발로 서야 하는 인간의 화두는 무엇보다도
중심이란 단어이다.

61

The topic of human beings who have to stand
on two feet is,
above all, the word center.

62

바르게 살고자 하면 죄가 따라붙고
선하게 살고자 하면 악이 바로 따라온다.

62

If you want to live right, sin follows, and
if you want to live good,
evil follows right away.

63

사형집행보다도 더 두려운 것은
감방 복도에 흐르는 정적이다.

63

What is more frightening than execution is the silence flowing through the prison hallway.

64

상처와 아픔은 준 자의 것이지
받은 자의 몫이 아니다.

64

Wounds and pain belong to the person who gave them, not to the person who received them.

65

길은 보기에 좋다고 해서
쉽게 선택해도 안 되지만
선입견을 극복하기란 매우 어렵다.

65

It's could not choose the path easily just because it looks good,
but it is very difficult to overcome prejudice.

66

행로에서 공기의 탁함과 맑음은
행인이 선택할 수 있는 게 아니다.

66

The turbidity and clarity of the air
on the path are
not something passers-by can choose.

67

불가사의란 말속엔 그 시절 인간과 동물이 겪은
고통의 총집합이 있다.

67

In the word mystery,
there is a total set of pains that
humans and animals experienced
at that time.

68

세상에서 사랑을 나누며 살아간다는 건
진실로 주인공의 삶인 것이다.

68

Living while making love in the world is truly the life of the main character.

69

성품은 본질이지만 세상에선 토양에게
그 책임을 묻곤 한다.

69

Character is the essence, but in the world, soil is often held accountable.

70

쇠창살로 창을 하고 문단속을 하지만 사람은
내 안에 악이 있음은 알지 못한다.

70

They makes windows with iron bars and
control the door
but people do not know that evil is in me.

맹주상 약력

1962년 충남 아산 출생
고려대학교 영어영문학과 졸업
BoConcept사 한국지사 지사장 역임
아동문예문학상으로 등단
한국문인협회 회원

저서 : 모래성(시집)
겨울 나그네(시집)

단 상

2022년 6월 10일 초판 인쇄
2022년 6월 15일 초판 발행

지은이 맹 주 상
펴낸이 최 석 로
펴낸곳 서 문 당

주 소 경기도 고양시 일산서구 덕산로 99번길 85 (가좌동)
전 화 031-923-8258
팩 스 031-923-8259

출판등록 제 406-313-2001-000005호

ISBN 978-89-7243-818-2

값 10,000원